# libro para colorear vaquero

## La edición del rodeo con los caballos

Coloring Pages for Kids



Coloring Pages for Kids
An imprint of Ciparum LLC

Libro para colorear vaquero La edición del rodeo con los caballos
© 2017 Ciparum LLC
All rights reserved.
ISBN-10:1-63589-336-4
ISBN-13:978-1-63589-336-6

Coloring Pages for Kids

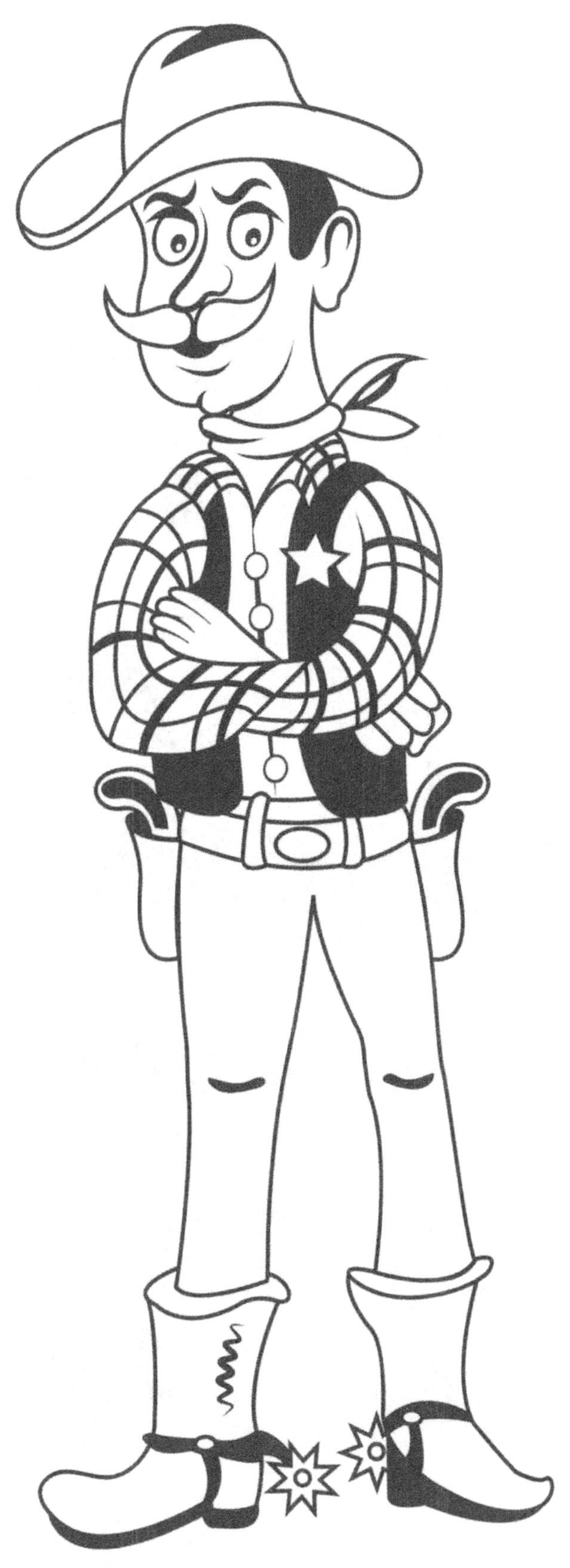

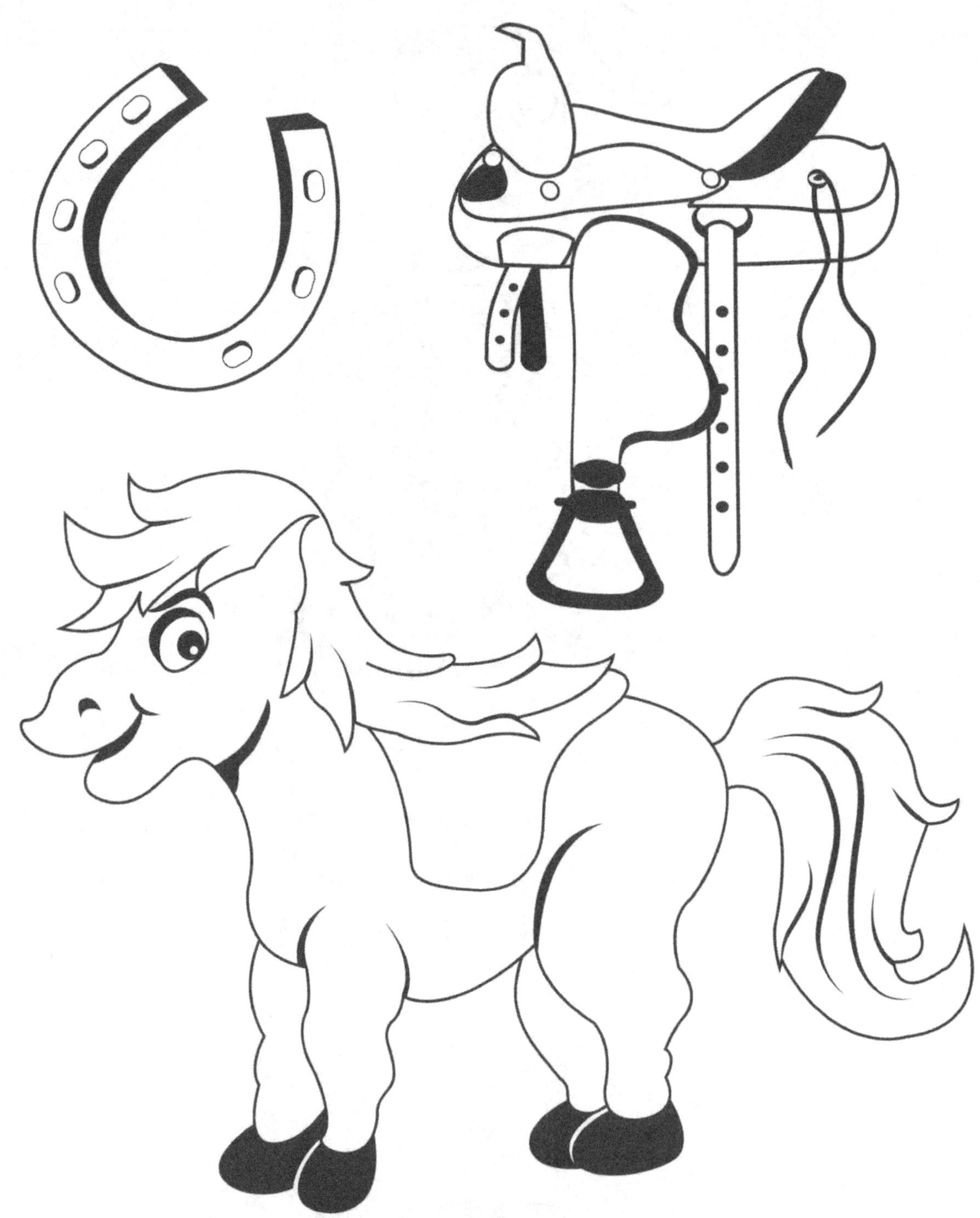

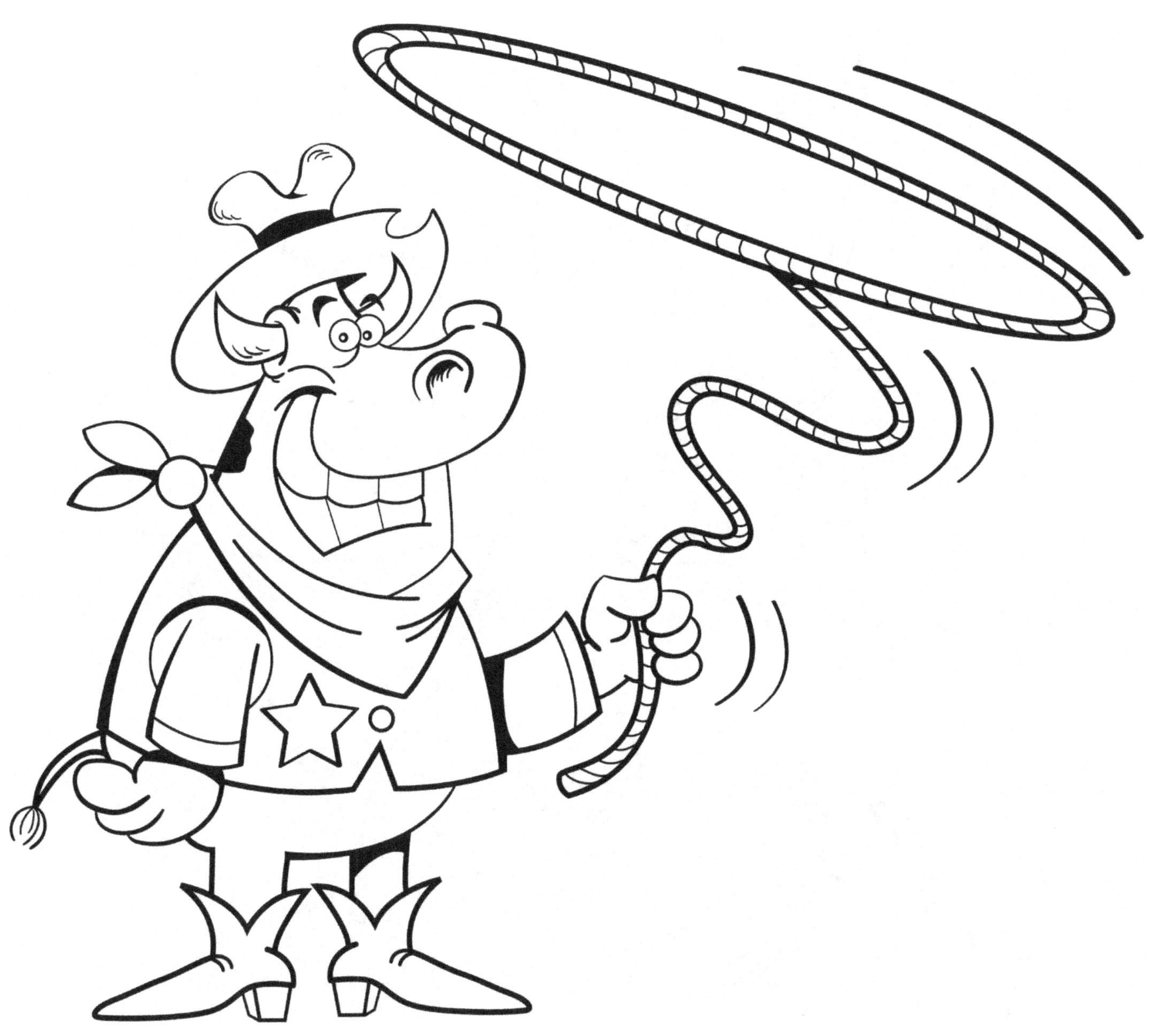

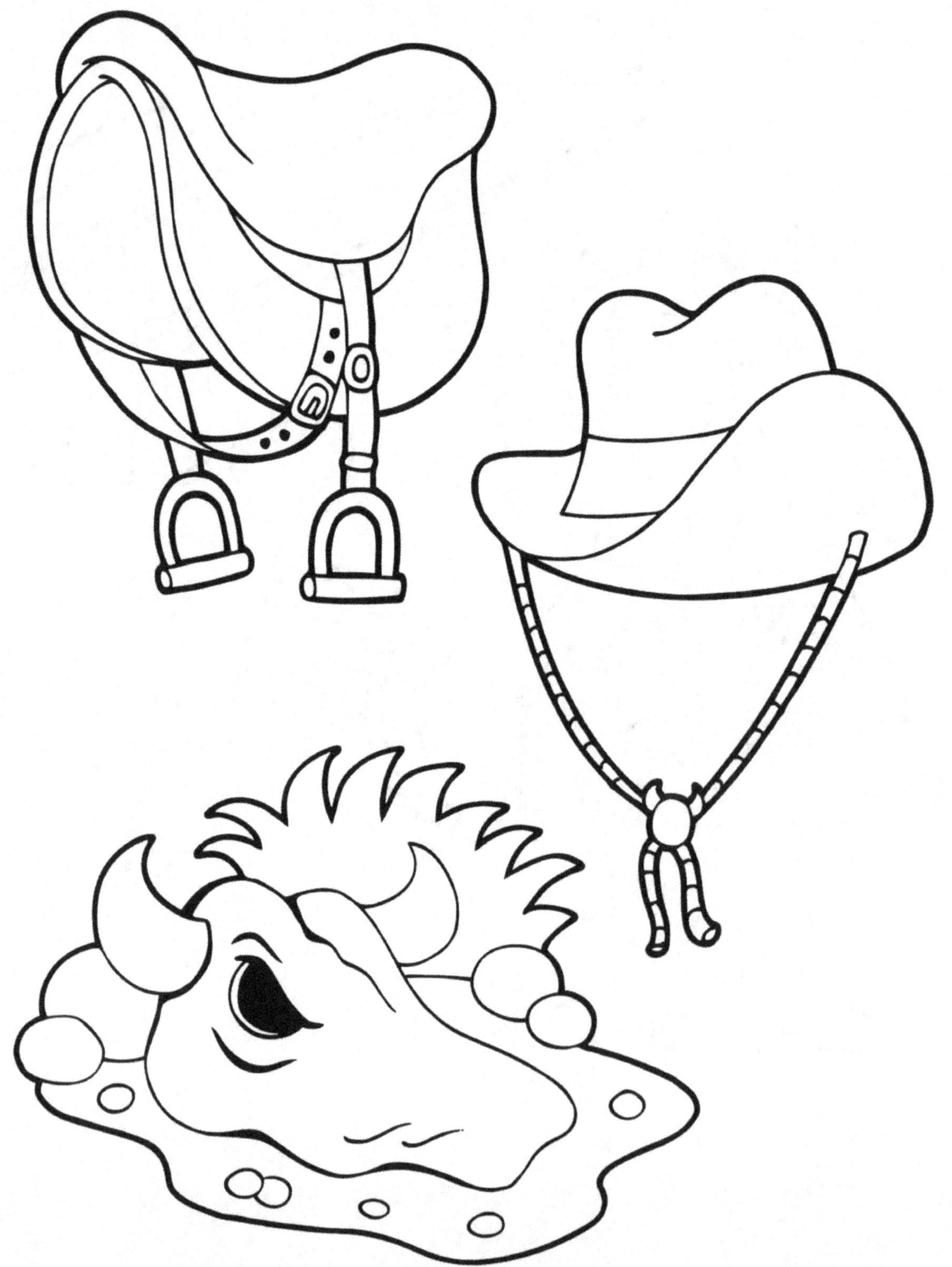

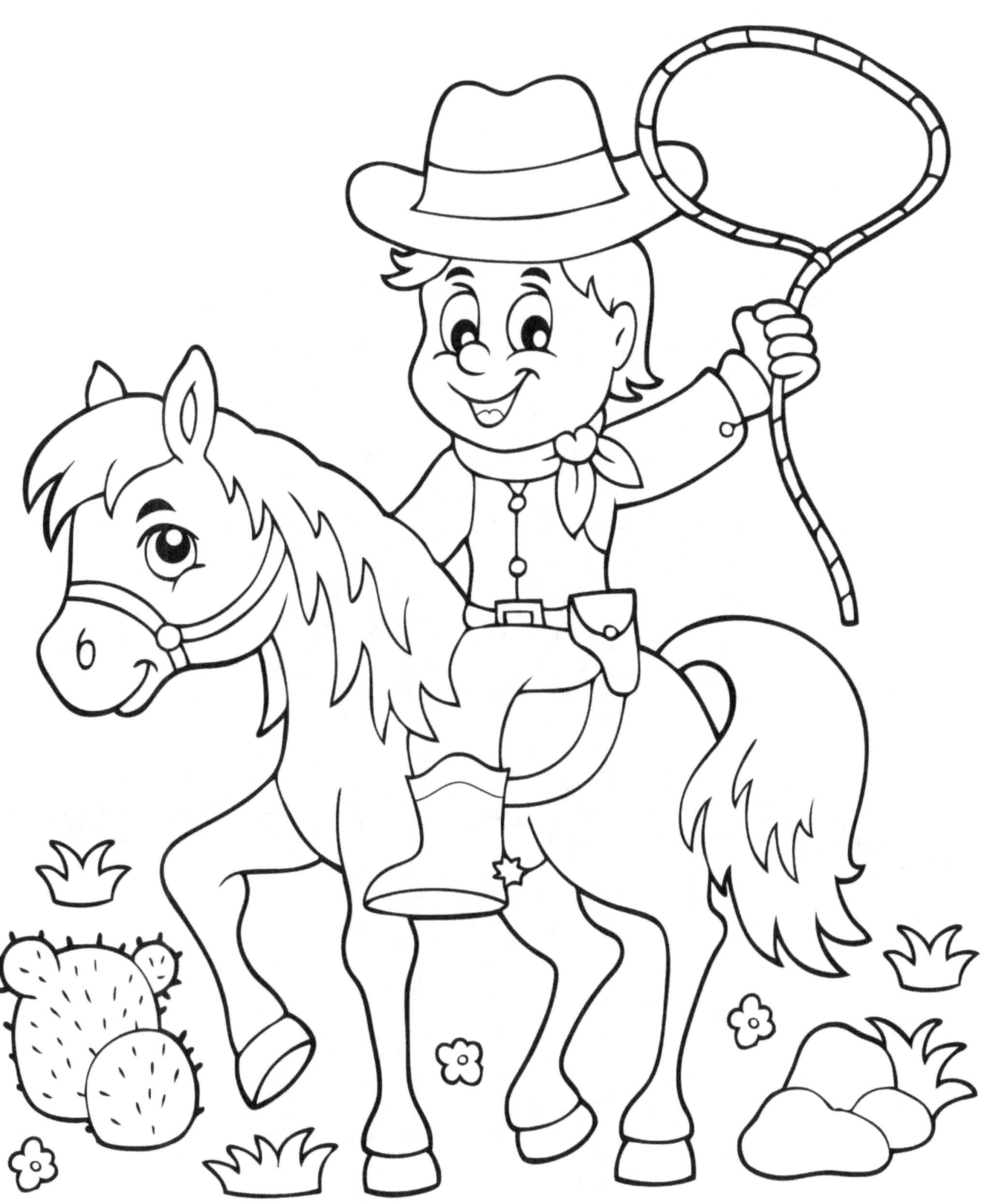

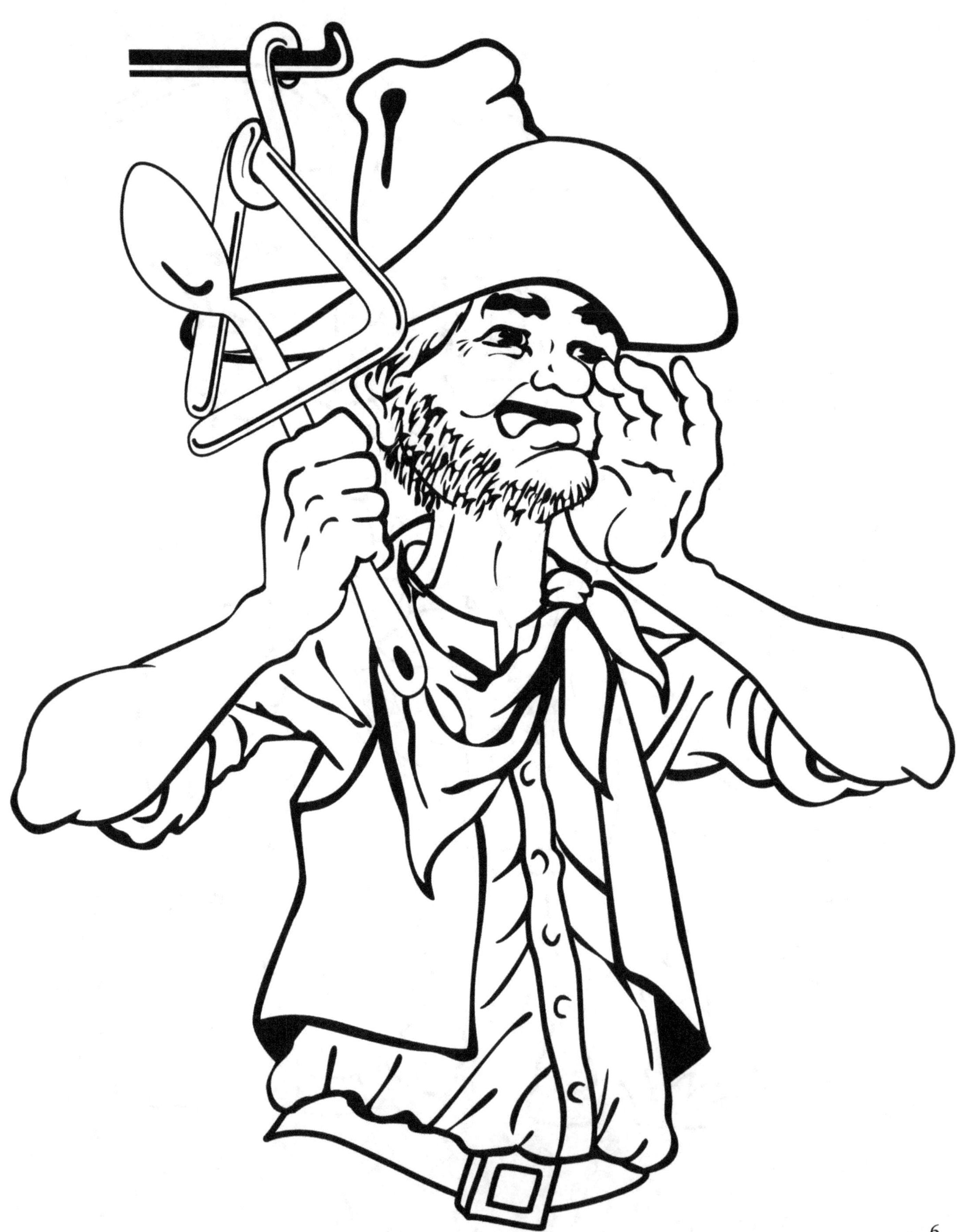

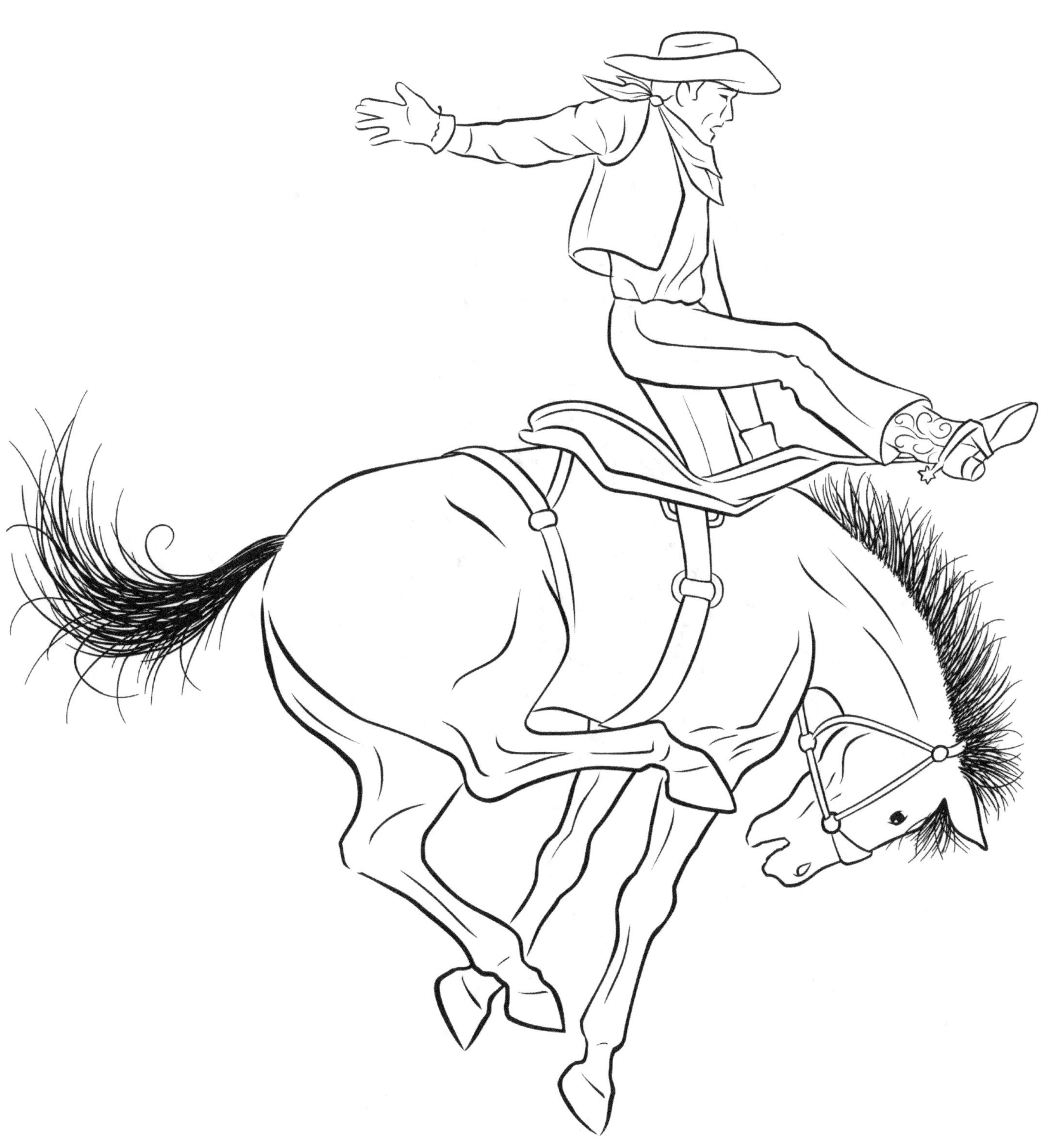

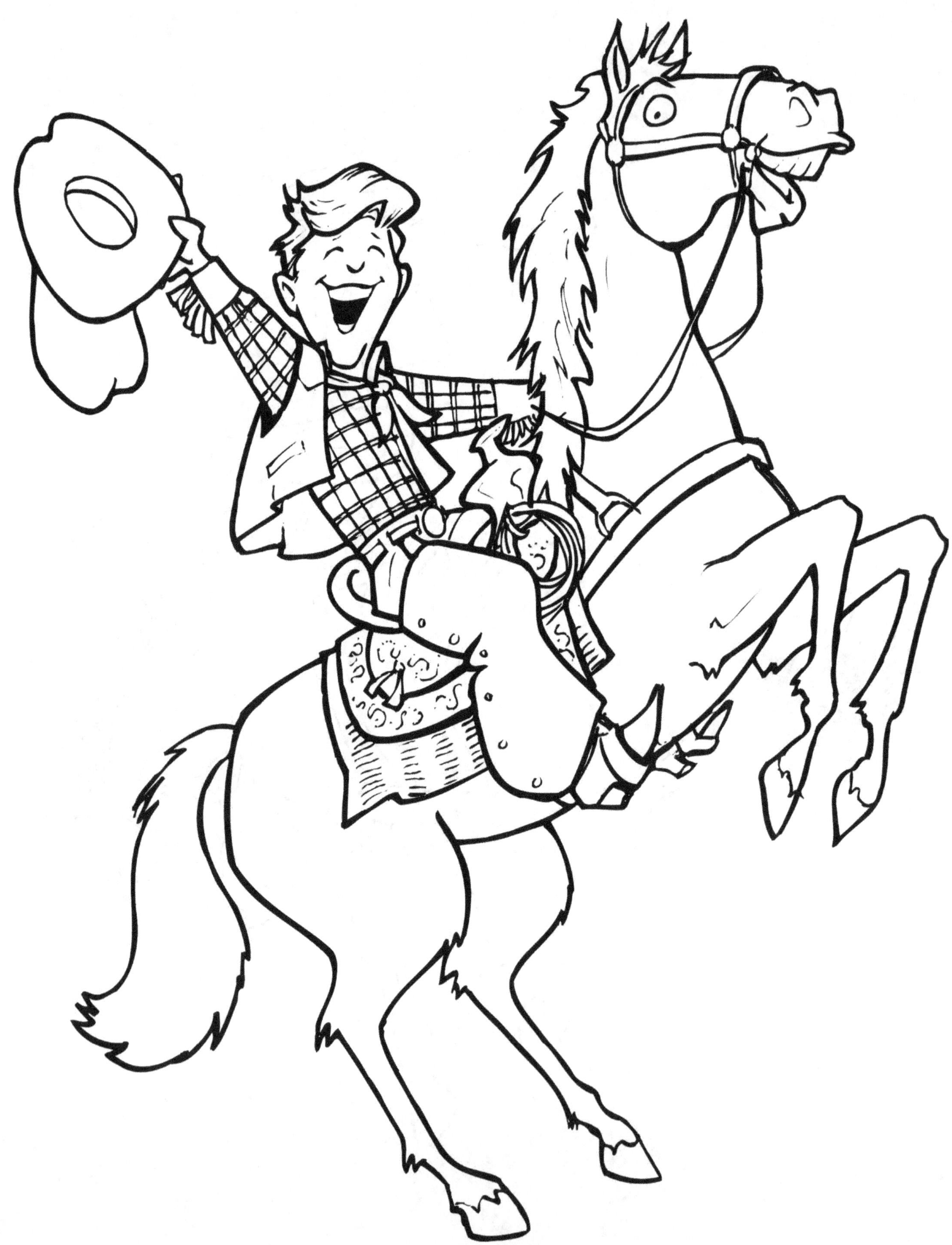

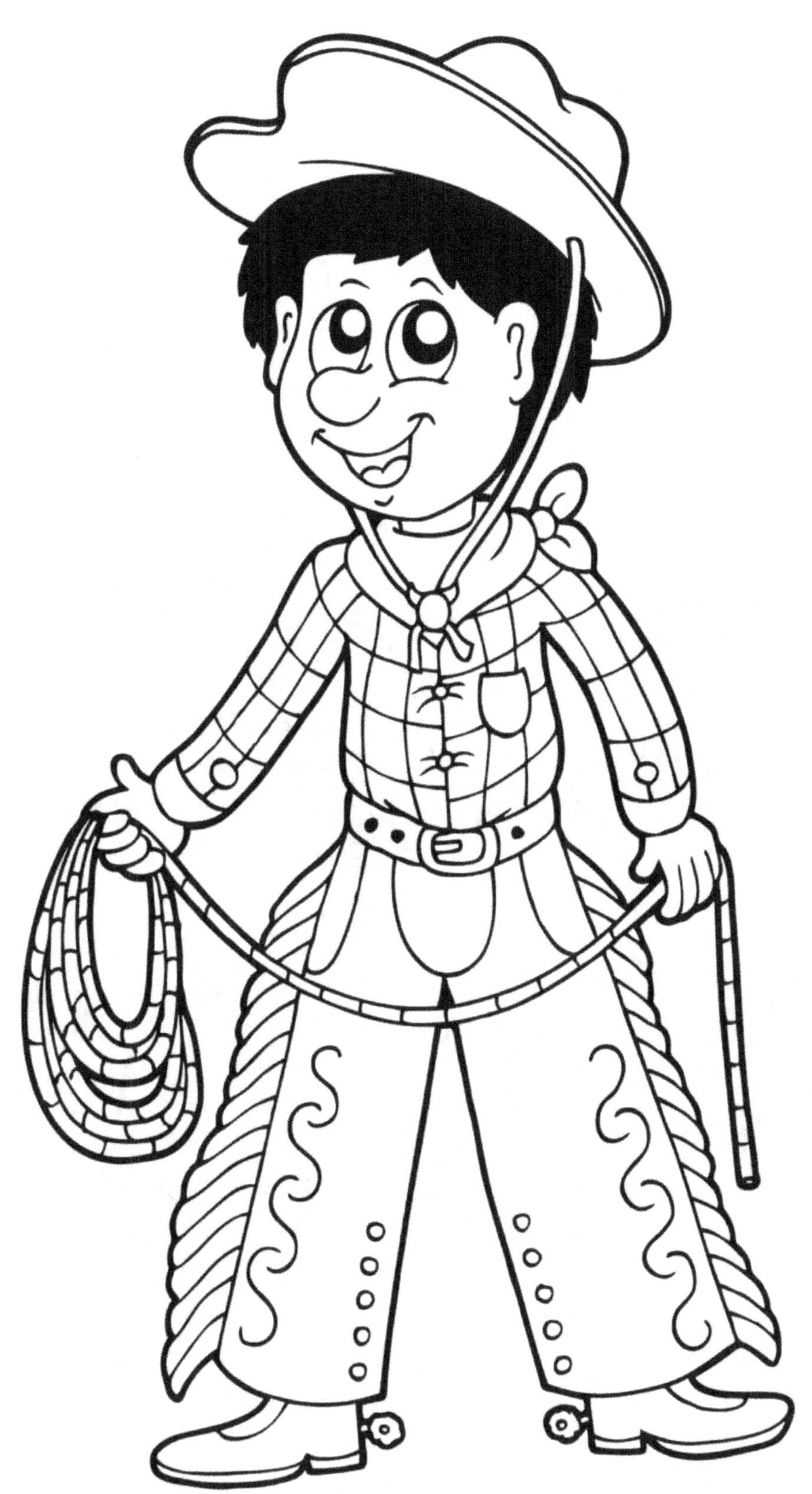

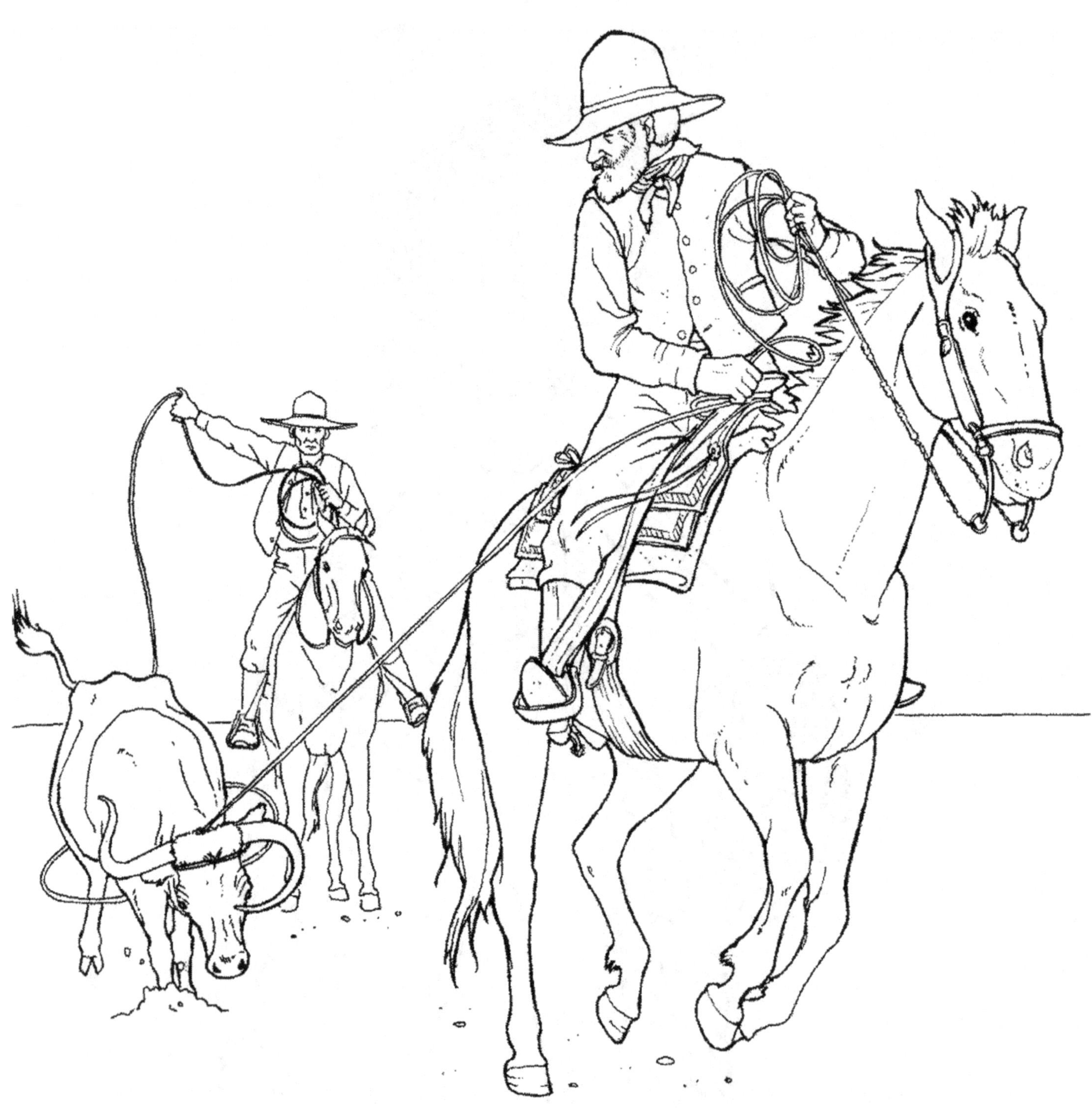

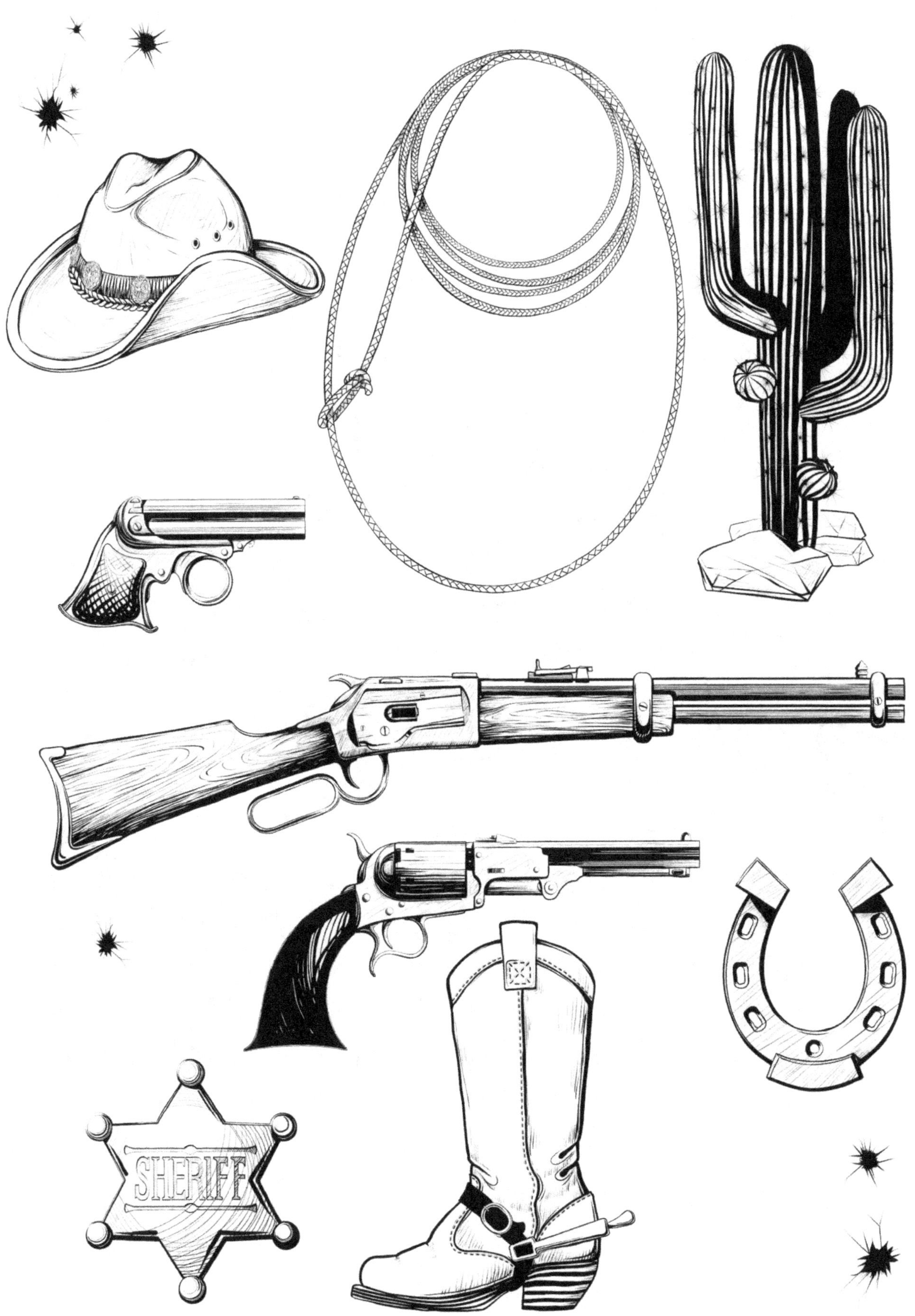
SHERIFF

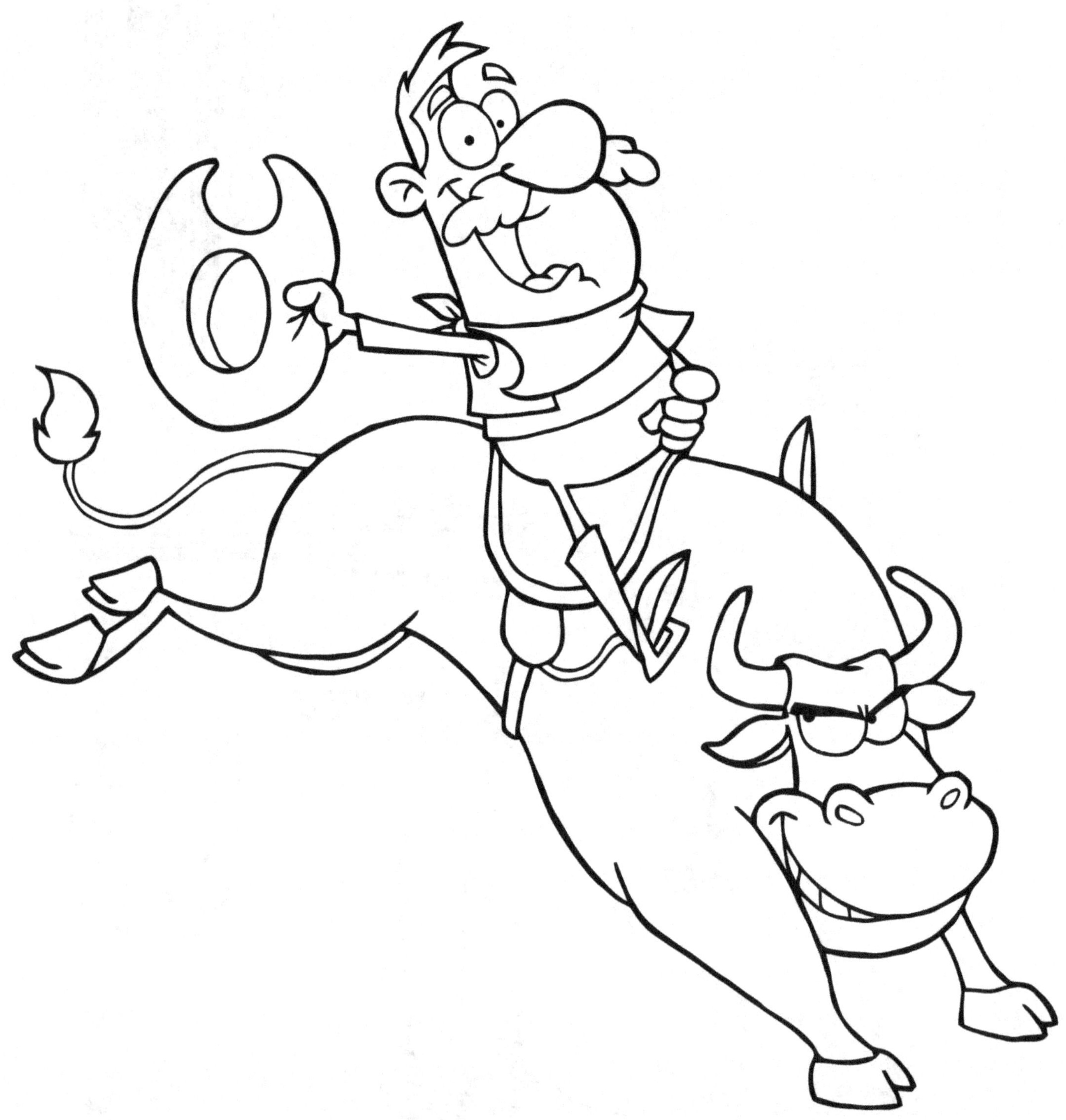

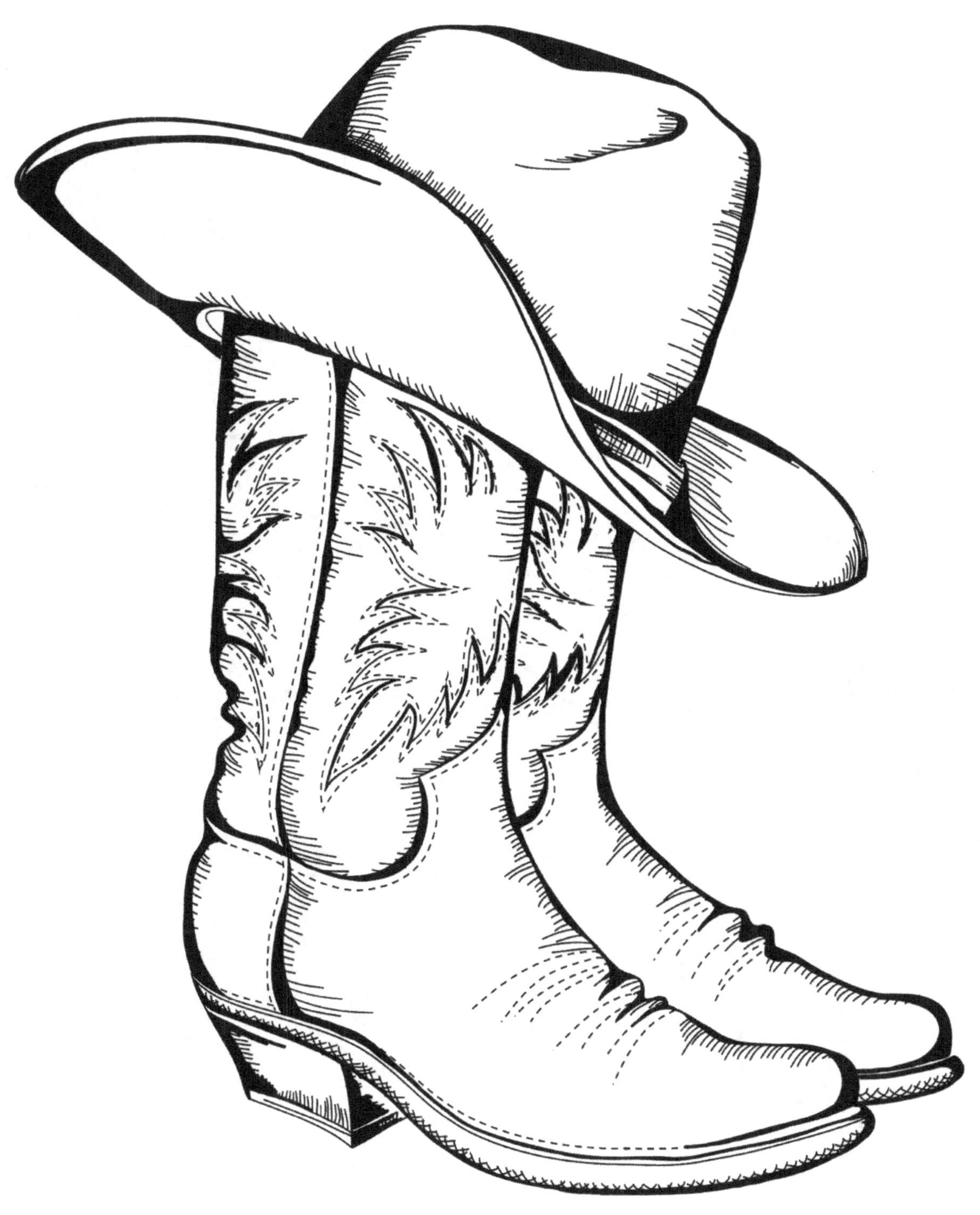

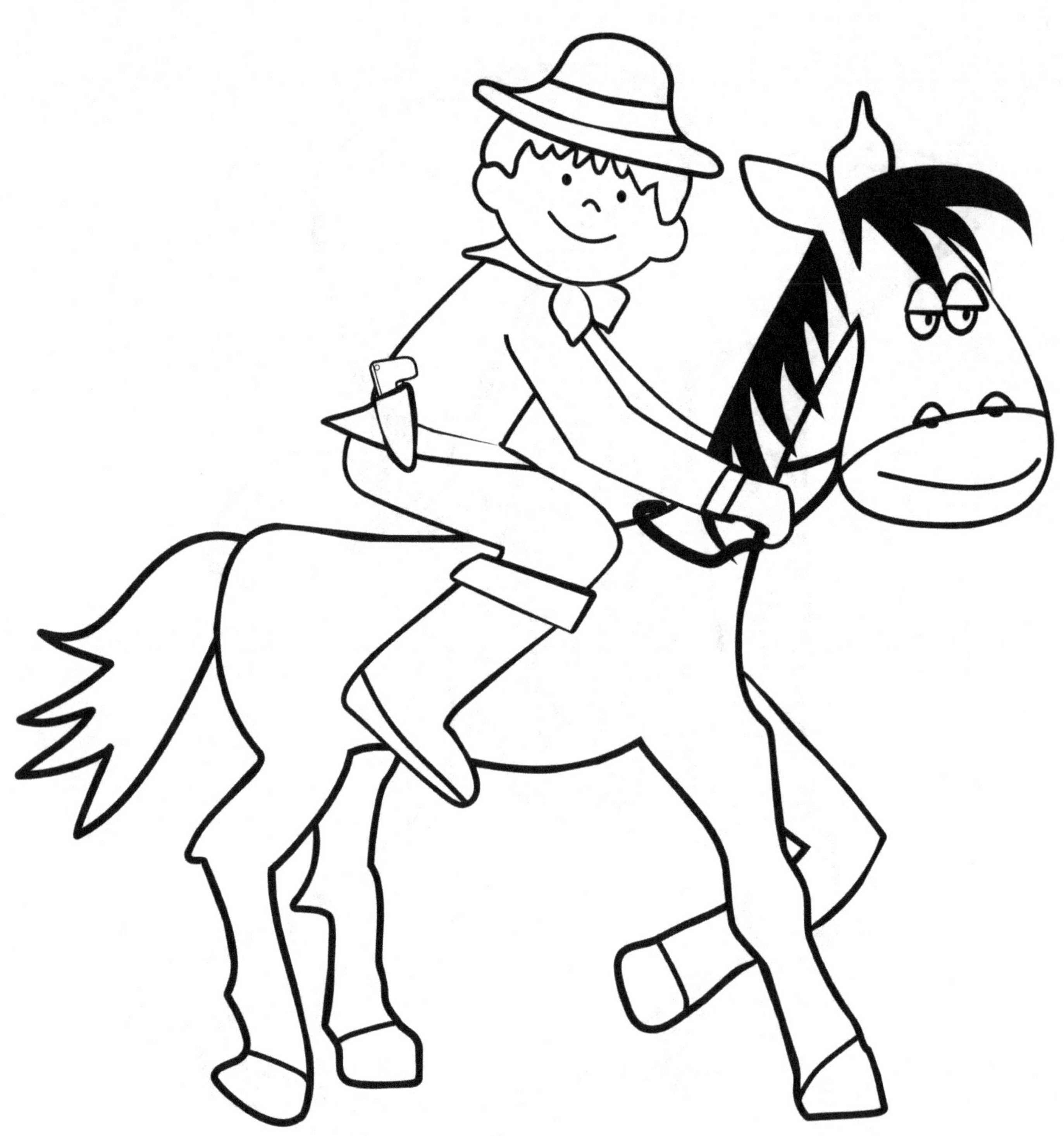

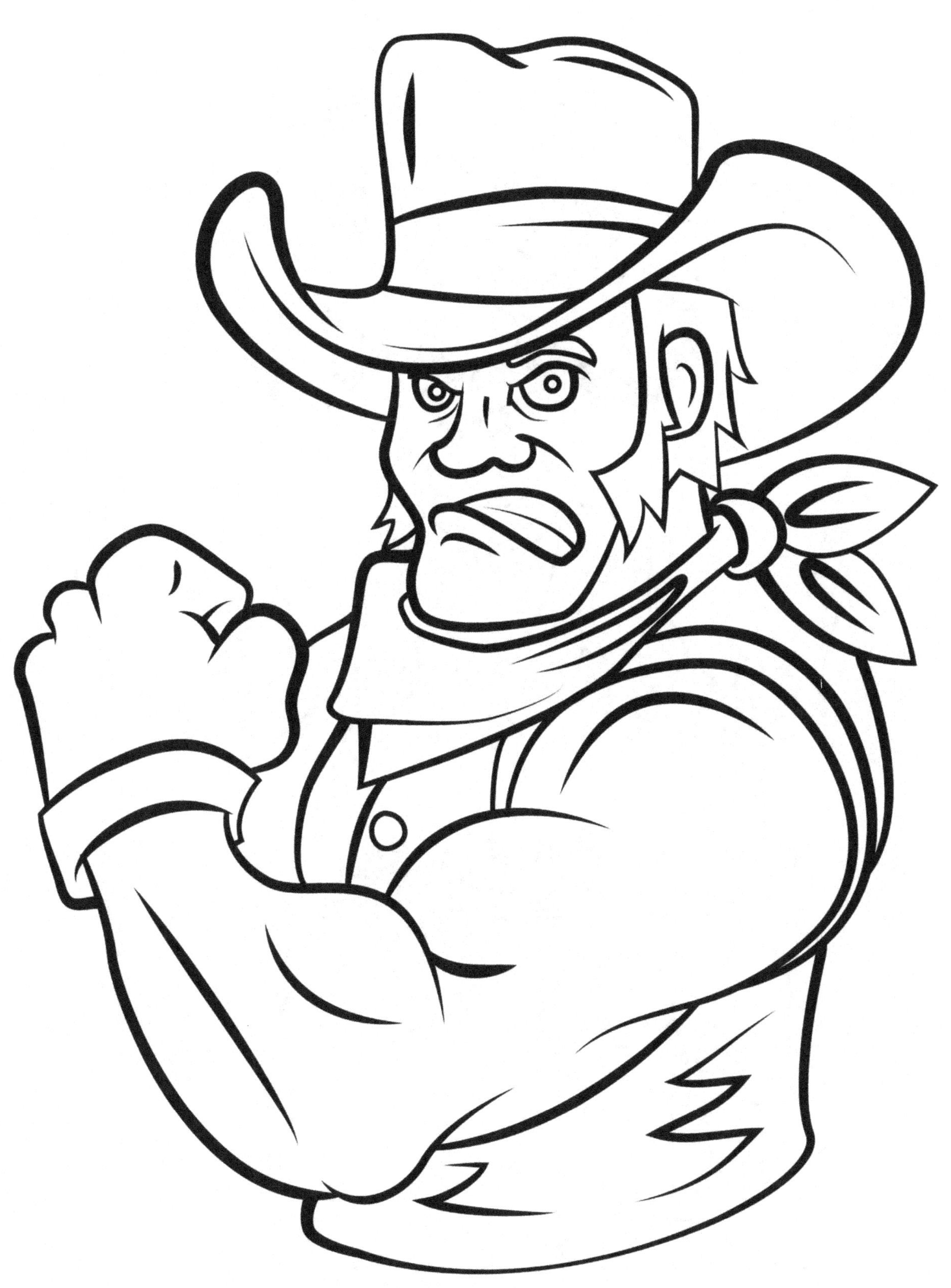

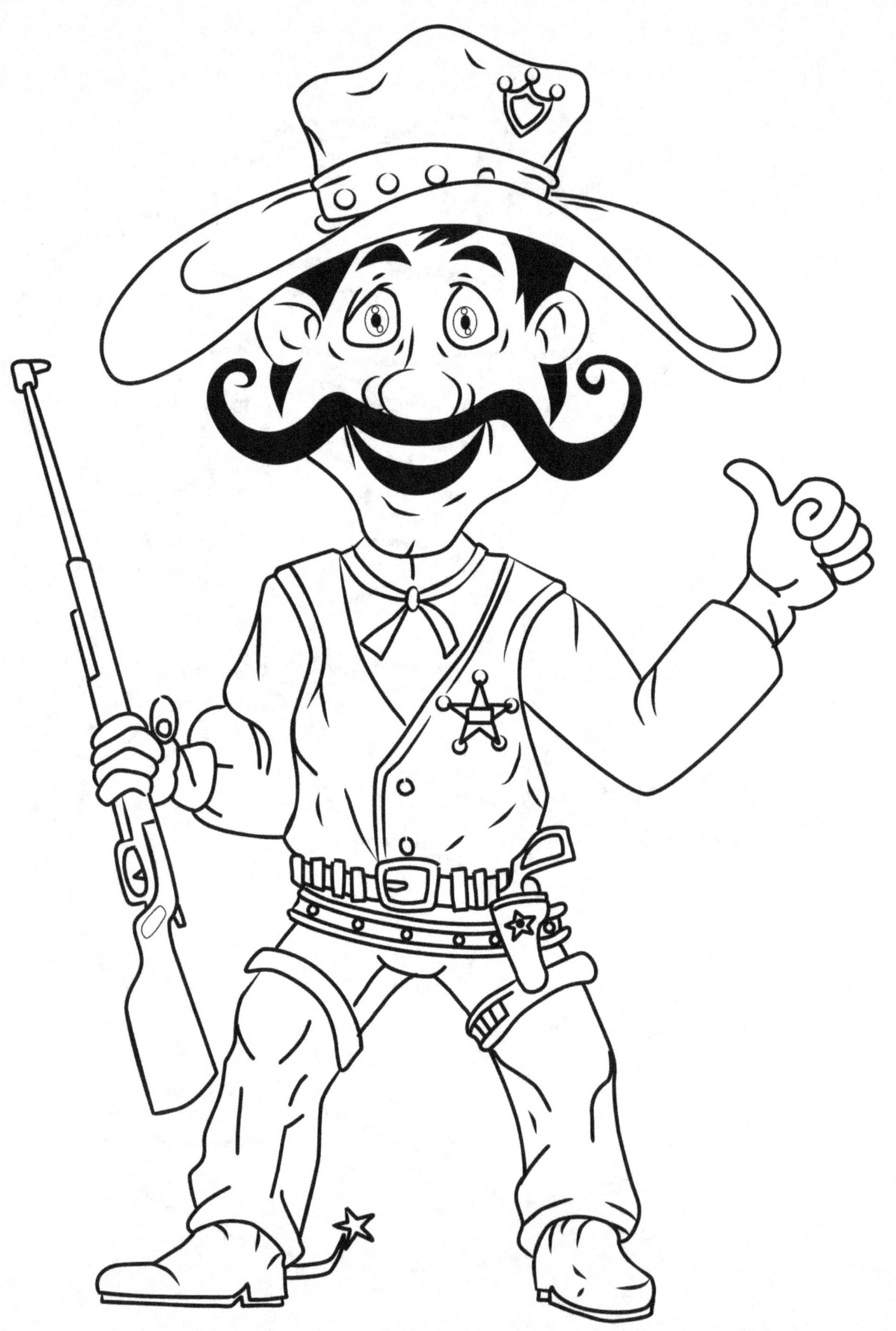

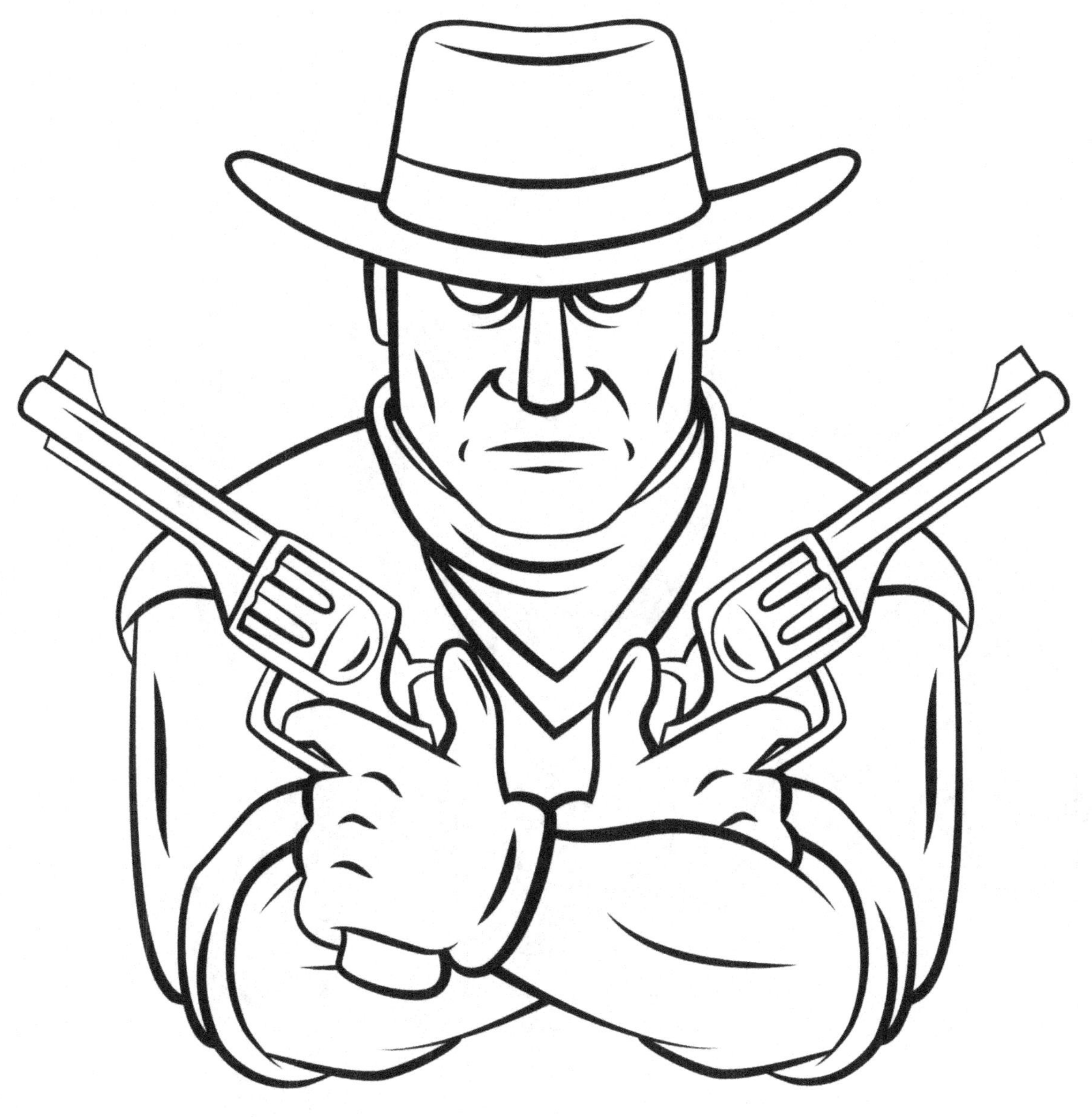

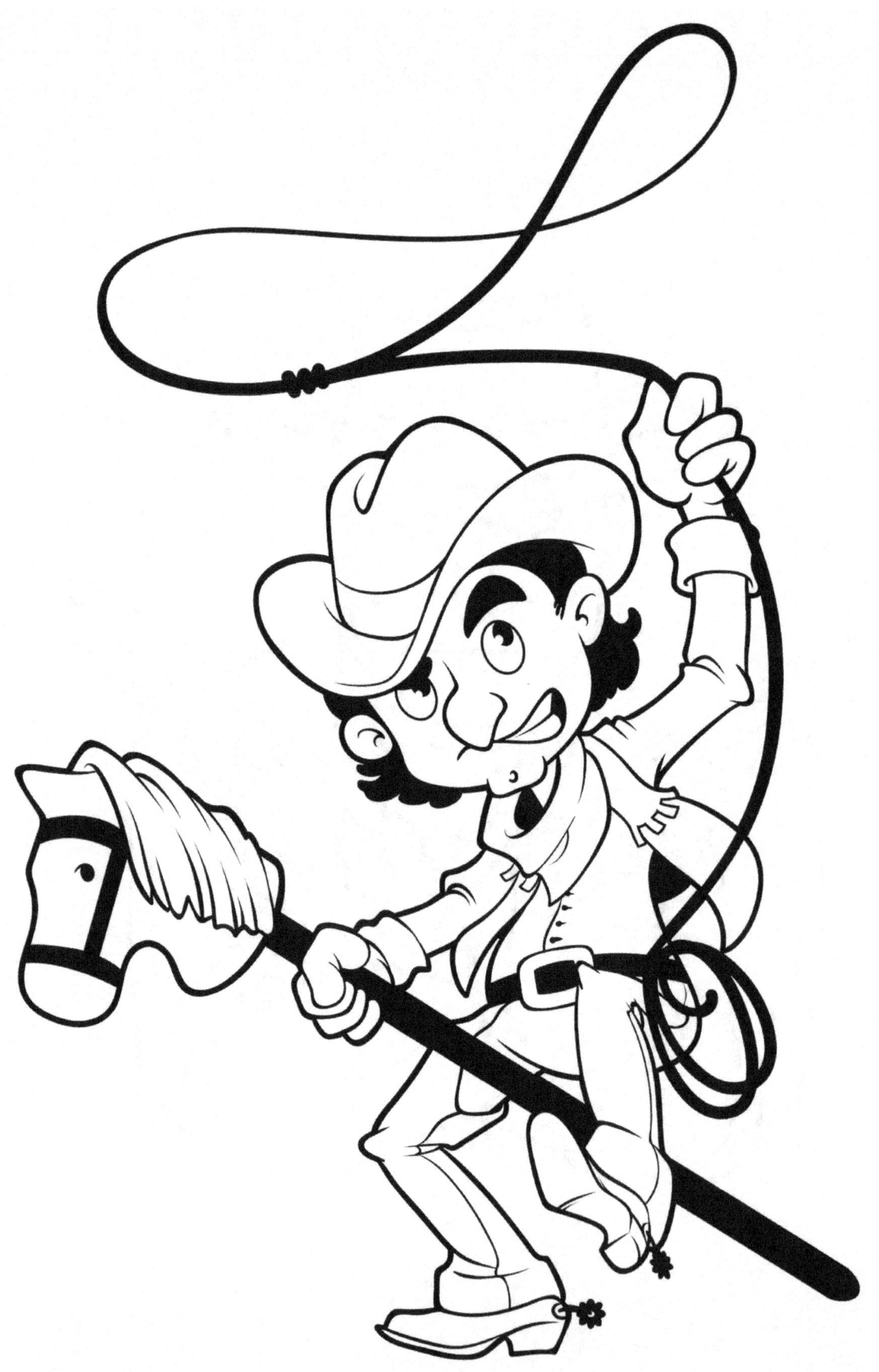

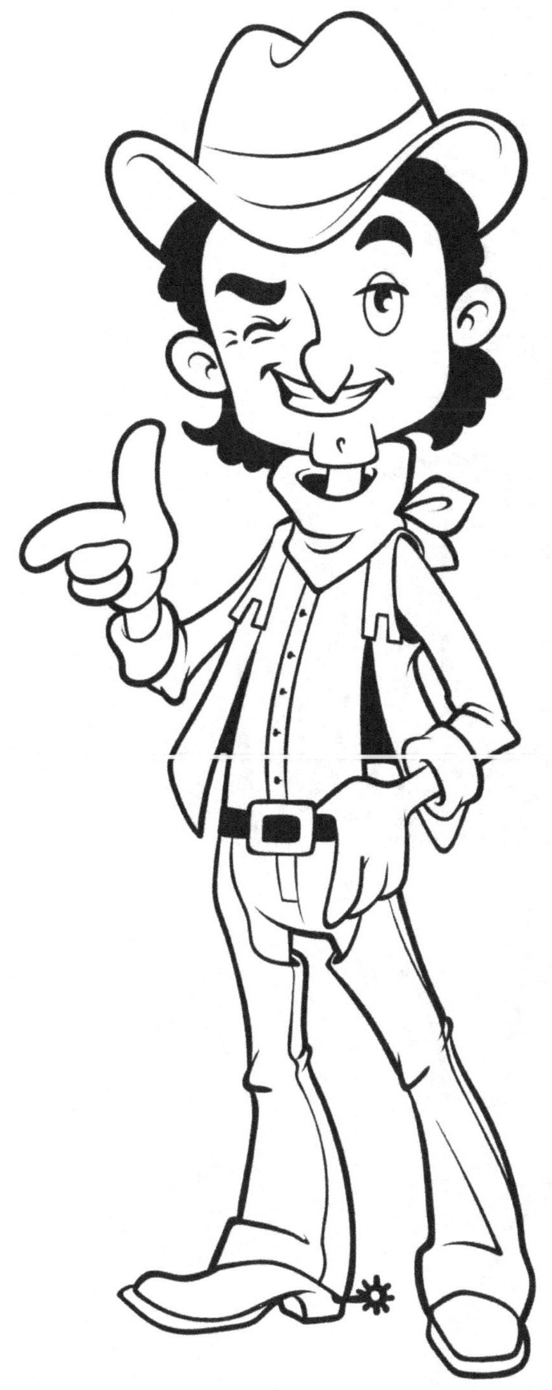
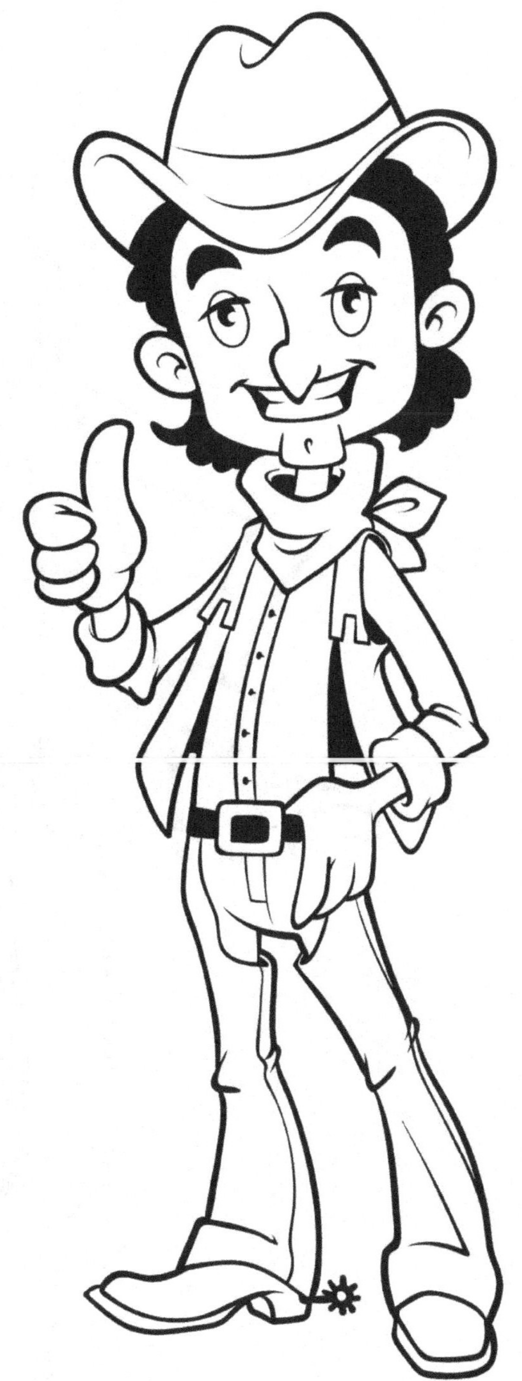

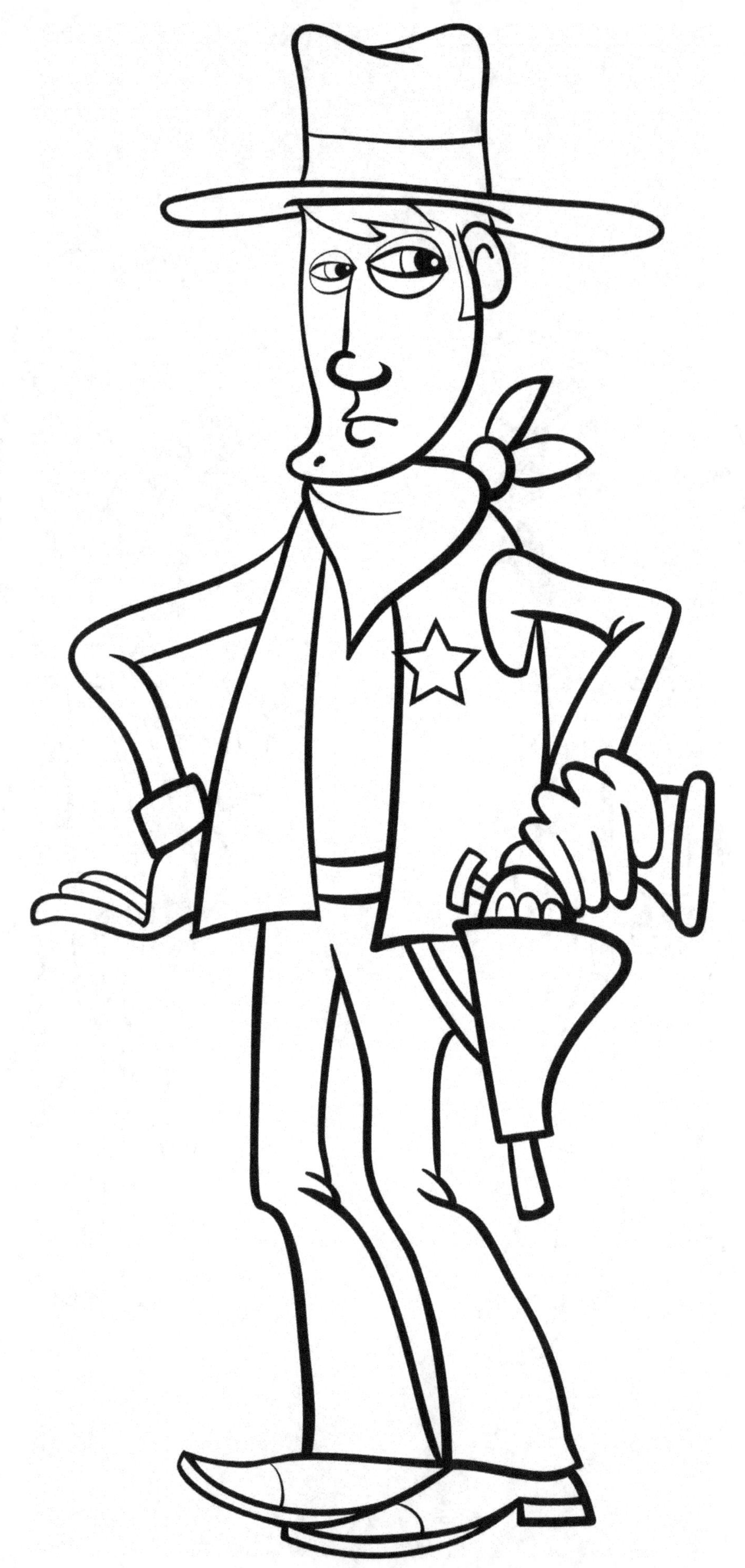

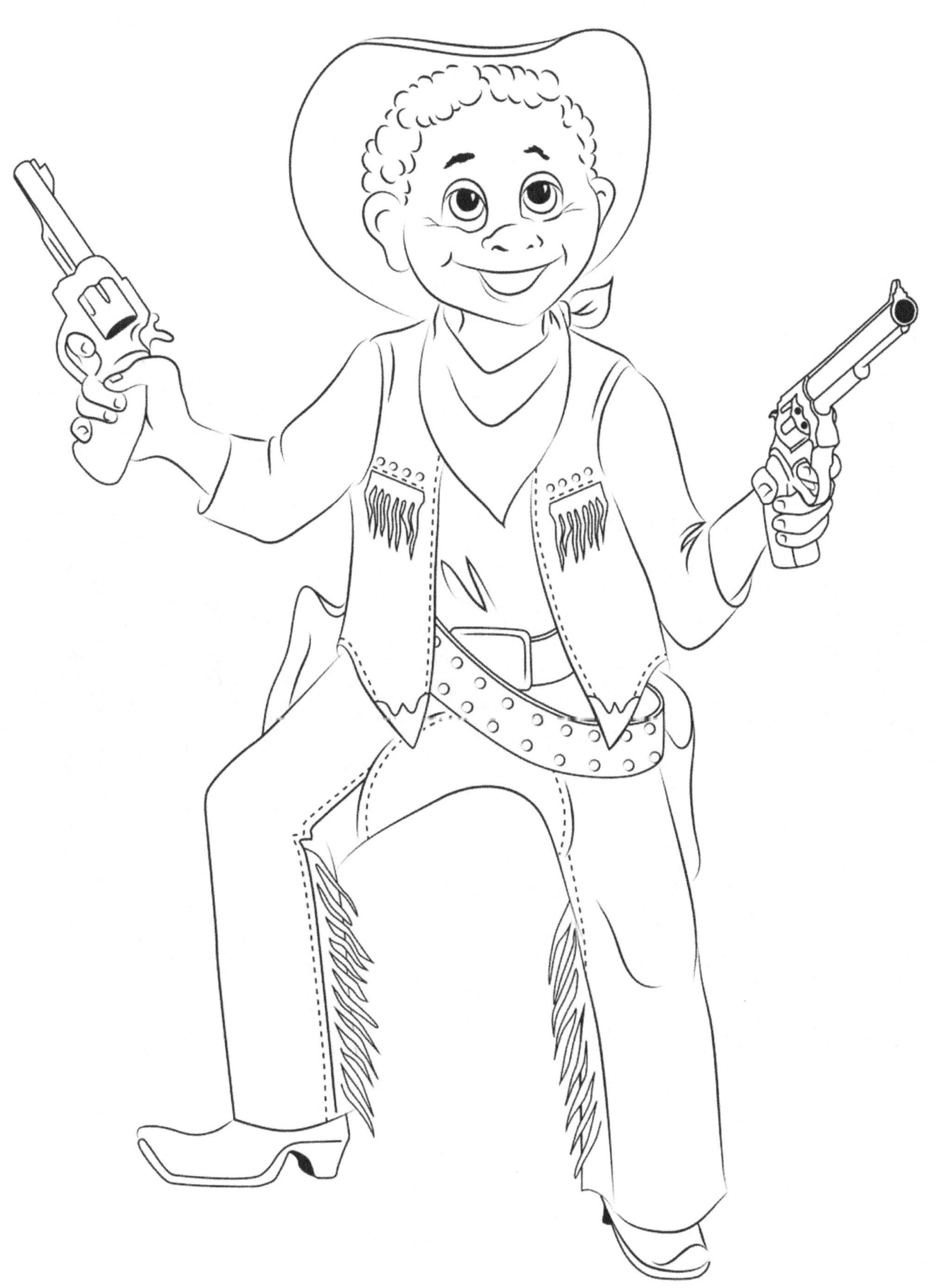

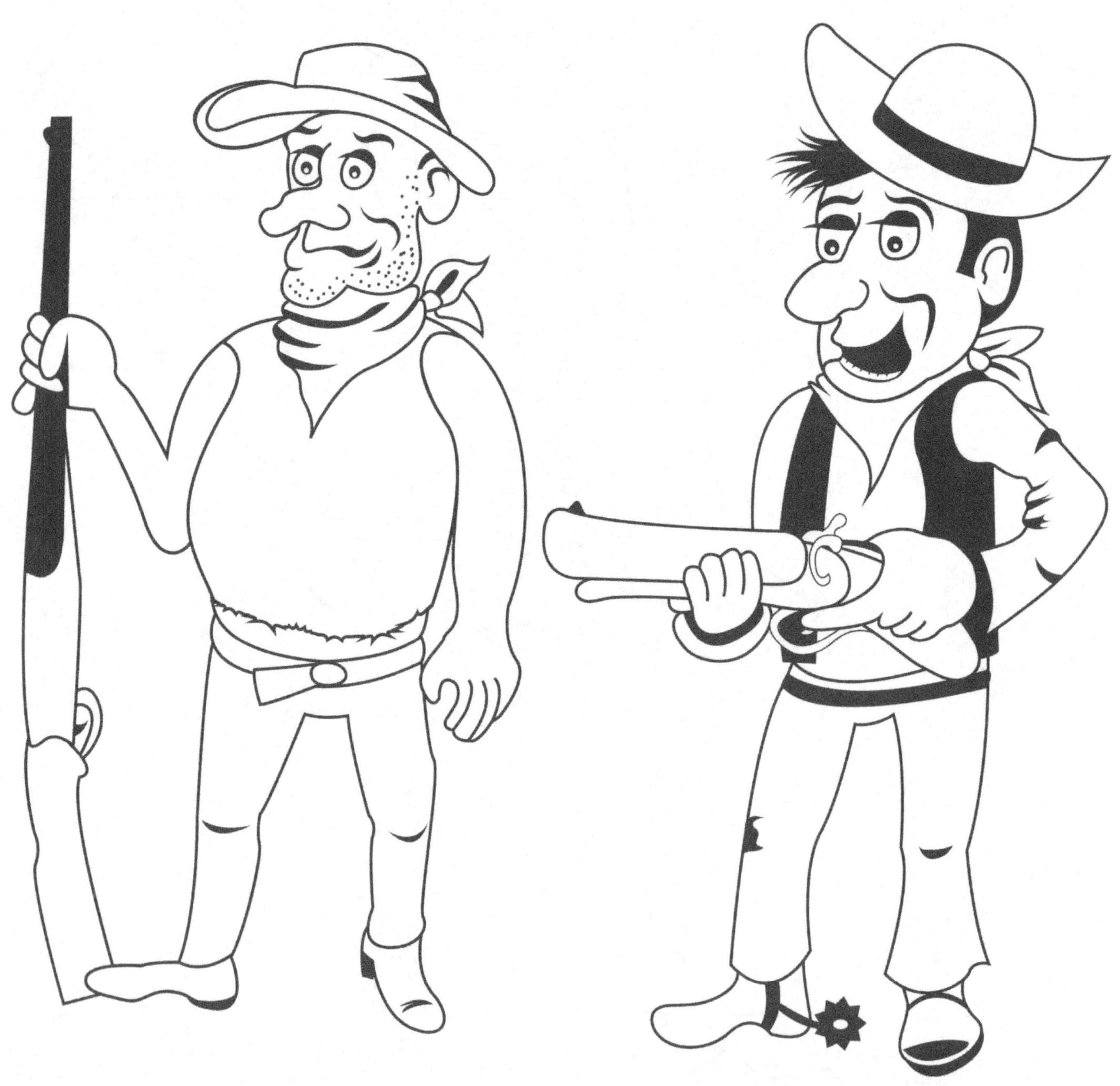

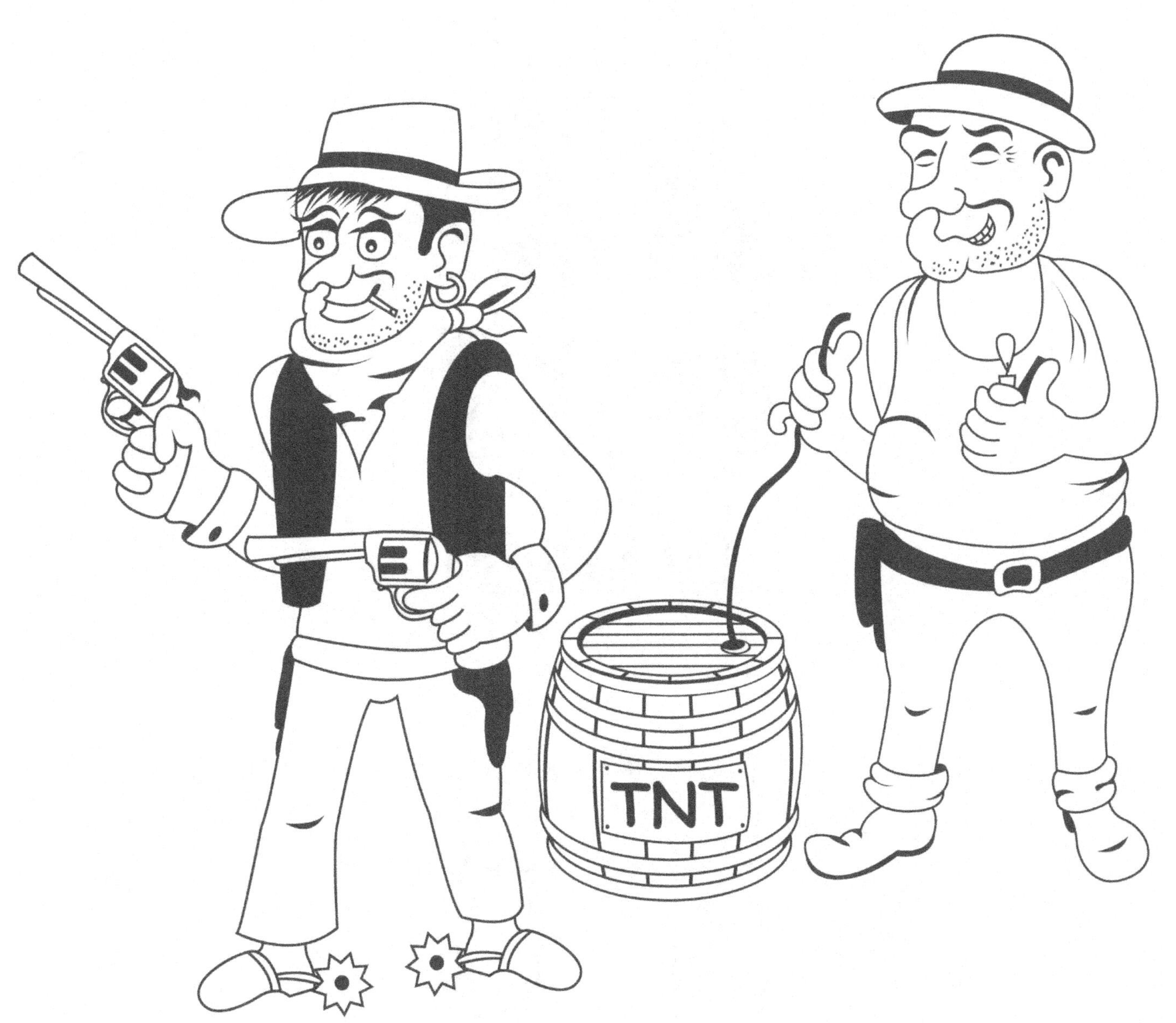

TNT

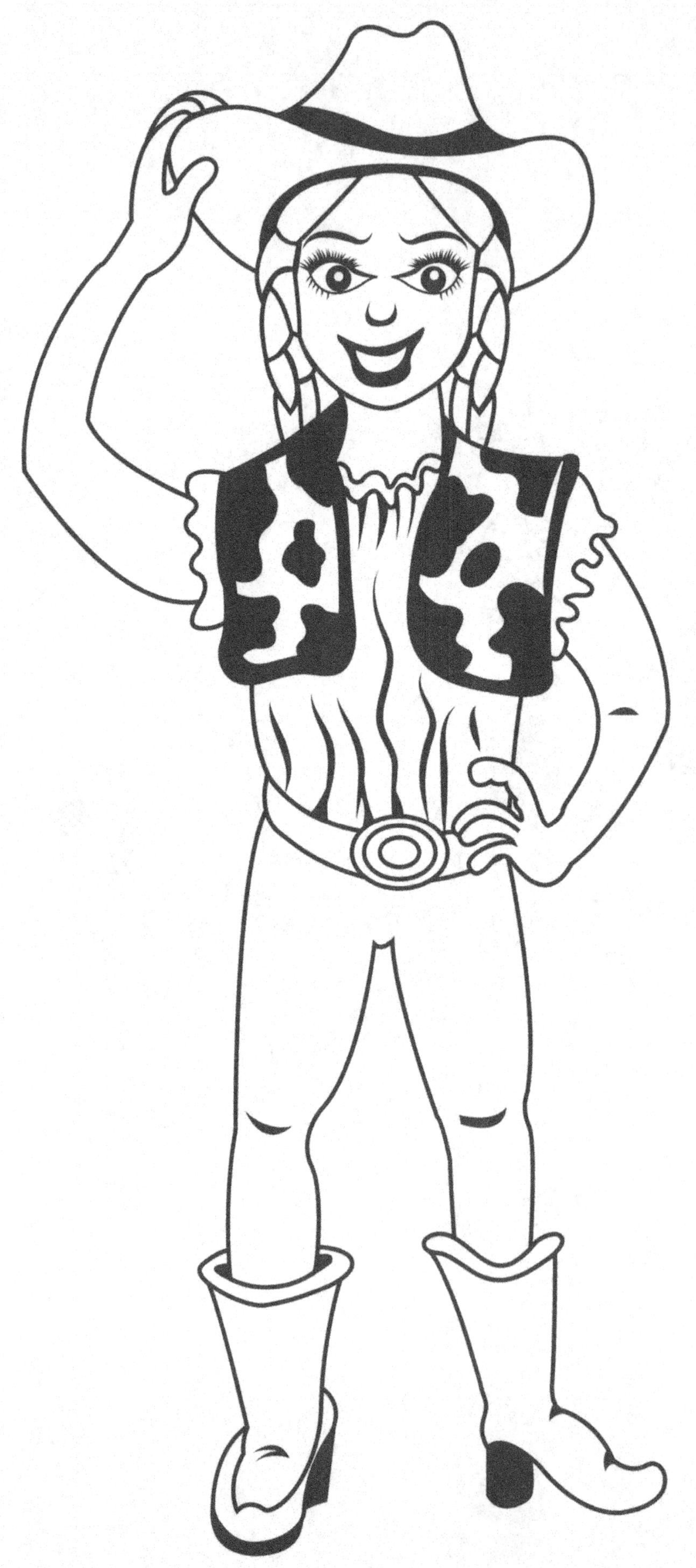

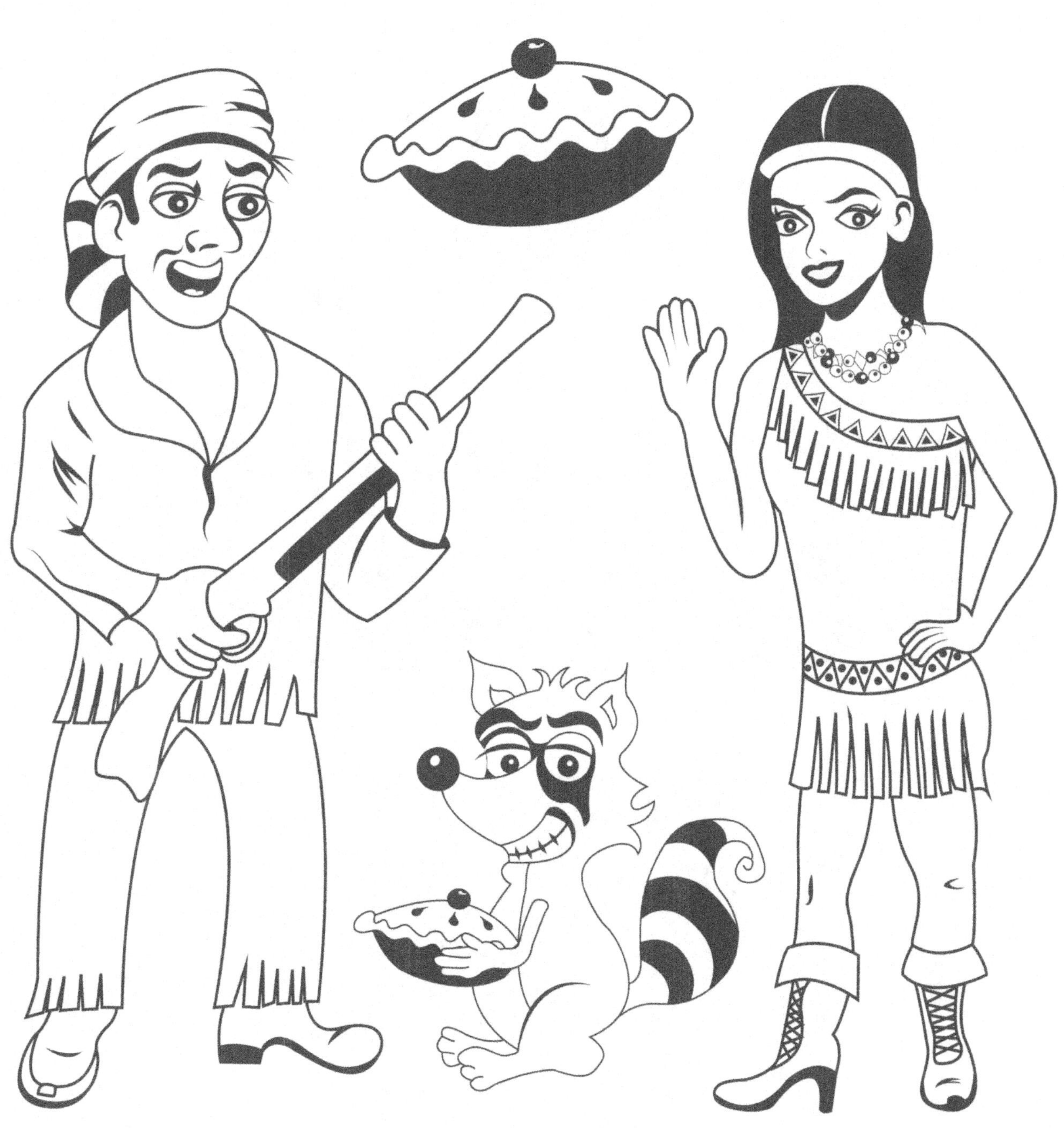

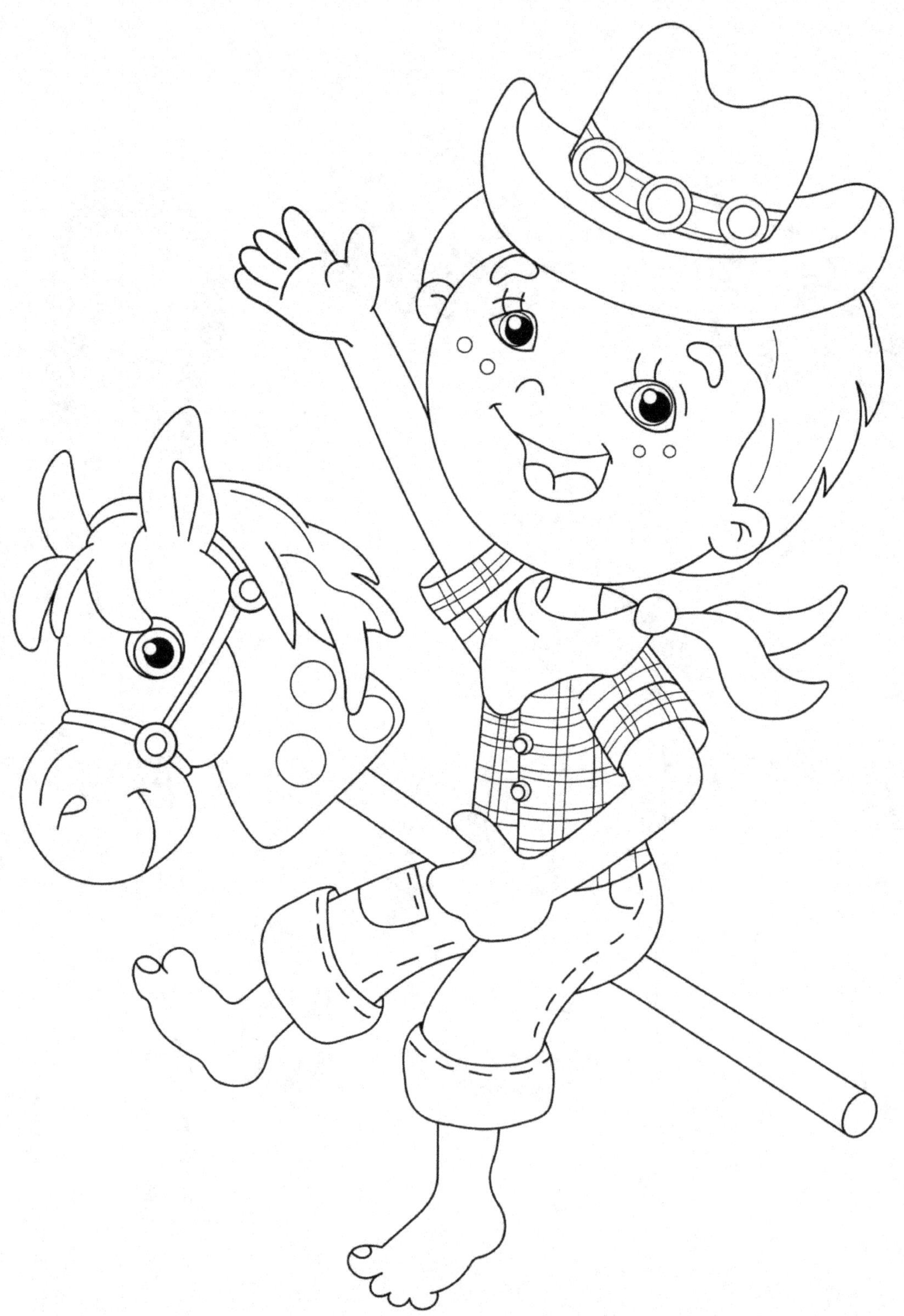

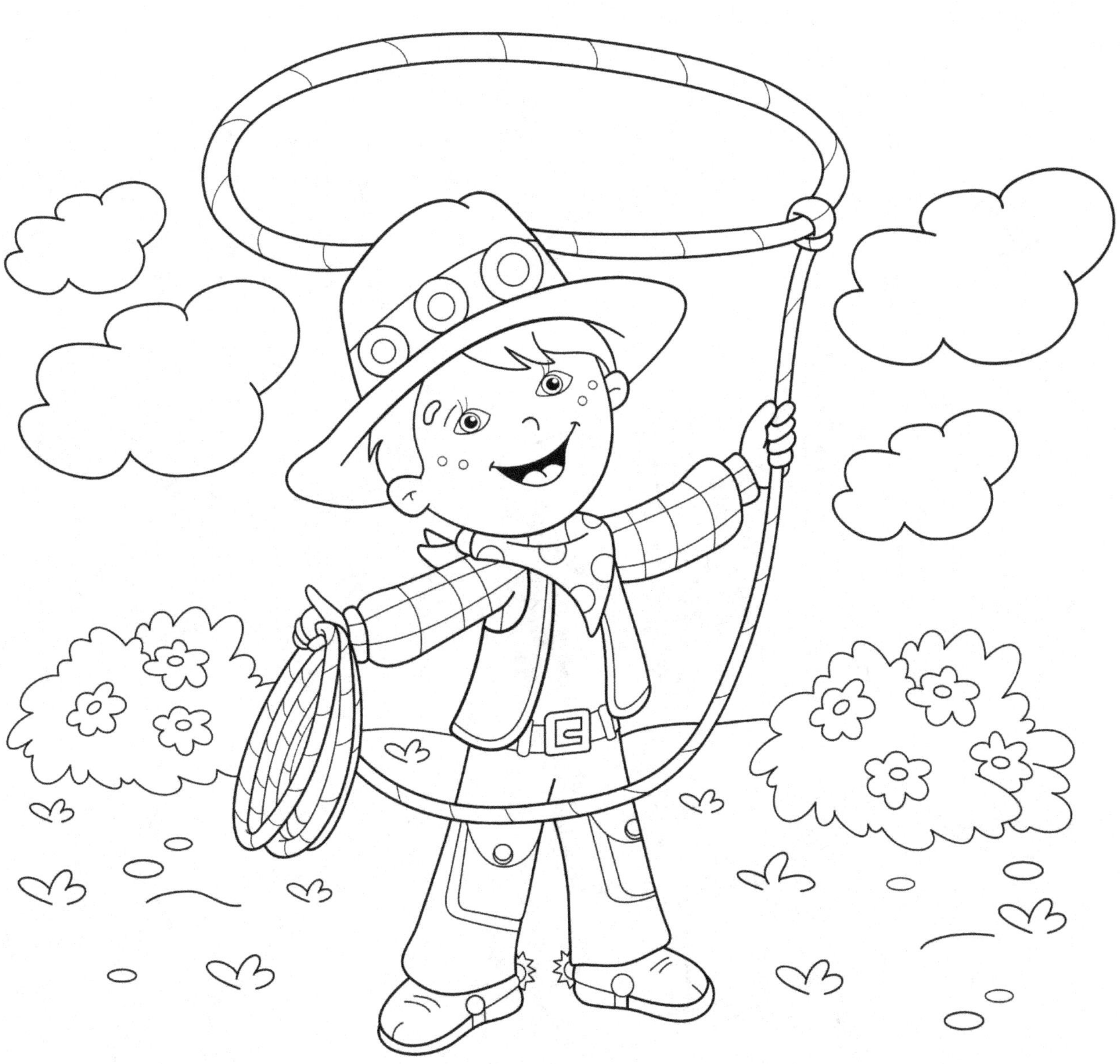

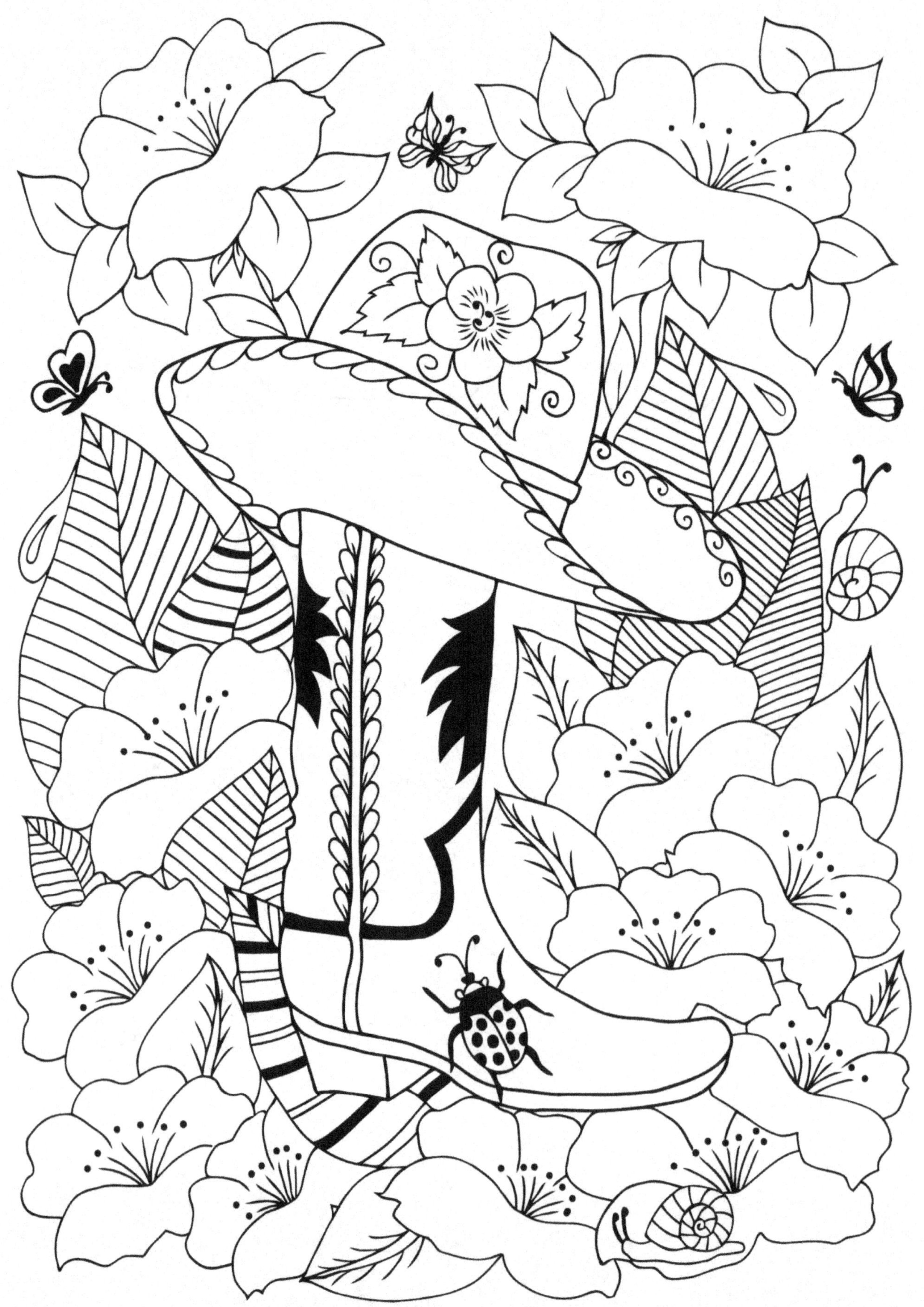

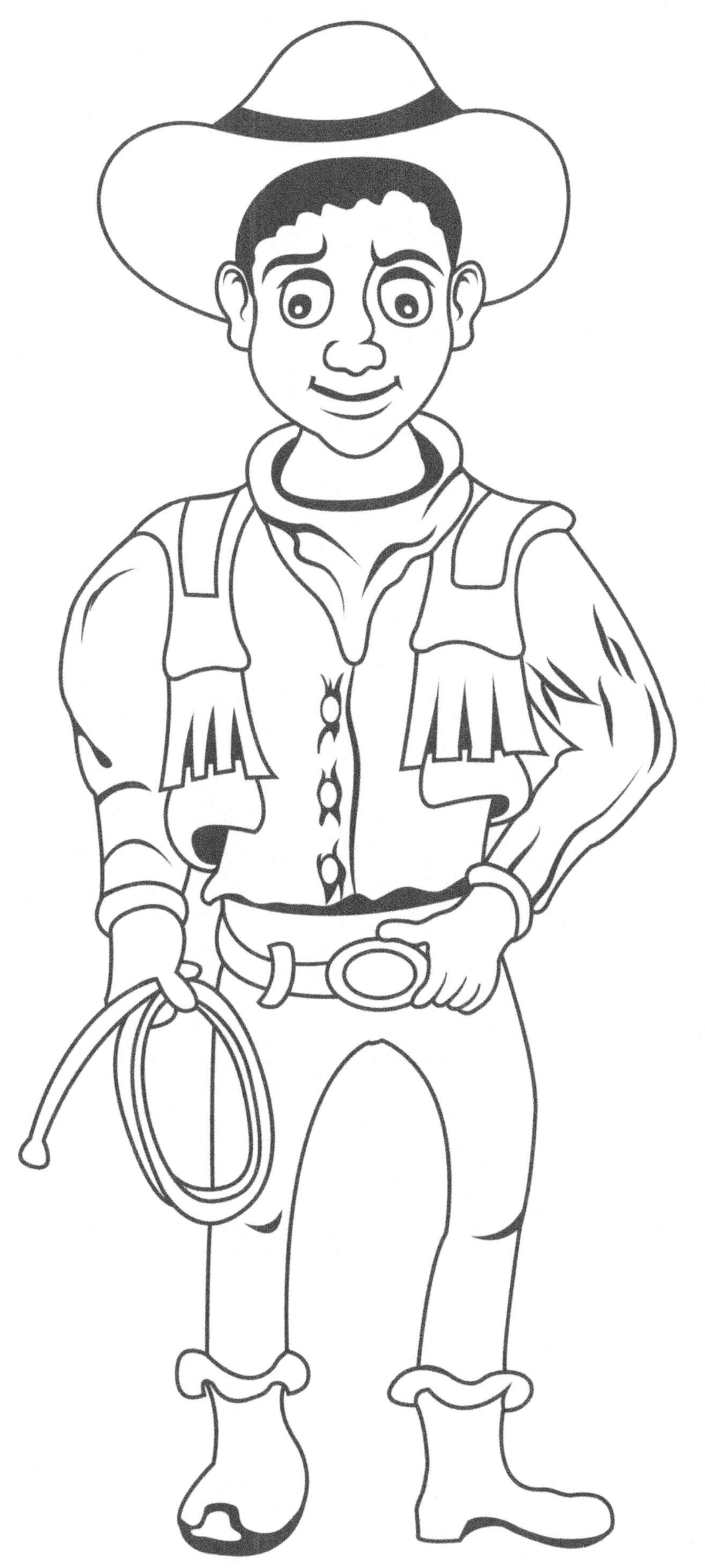